AF248271

NOUVELLES LETTRES

A

HENRI ROCHEFORT

ROI DES HALLES

ET

VIDAME DE LA LANTERNE

PREMIÈRE LETTRE

A l'Empereur Napoléon III

PAR

François ROCOFFORT

PRIX : Paris, 60 c., Marseille, 50 c.

MARSEILLE

E, LIBRAIRE-ÉDITEUR, RUE THIARS, 1

1868.

NOUVELLES LETTRES

A

HENRI ROCHEFORT

ROI DES HALLES

ET

VIDAME DE LA LANTERNE

—◦◦✕◦◦—

PREMIÈRE LETTRE

A l'Empereur Napoléon III

PAR

François ROCOFFORT

PRIX : Paris, 60 c., Marseille, 50 c.

MARSEILLE

BELLUE, LIBRAIRE-ÉDITEUR, RUE THIARS, 1

—

1868.

CINQUIÈME LETTRE

A M. HENRI ROCHEFORT

Fabricant de Lanternes à Paris.

Vous continuez à écrire des non sens, des insultes et des billevésées, toutes choses fort inoffensives si vous gardiez vos manuscrits aussi secrets que les coups de Jarnac que vous réservez à un nouveau la Chateigneraye de votre choix, mais qui deviennent dangereuses par la faveur que vous rencontrez chez un million de *lecteurs*, tous *électeurs*, qui vous prennent au sérieux et qui s'implantent vos menteries et vantardises dans la cervelle. Il est vrai que ces lecteurs, armés du suffrage universel en vertu de leur majorité de droit et de leur minorité de fait, se garderont bien d'approfondir, d'étudier, de lire, même rapidement, la Constitution pour ou contre laquelle ils vont sous peu être appelés à voter; que vous ne la lisez pas vous-même ; que vous n'avez jamais promené

votre regard sur le texte de nos lois organiques ;
que, publicateur de *sottises imprimées*, vous vous
érigez en publiciste, votre *lanterne* à la main ; que
pseudo-journaliste , vous ne vous assimilez pas
la science, le savoir, l'expérience des hommes spé-
ciaux ; que vous entendez l'économie sociale autant que je sais le sanscrit, et que, chroniqueur de
mal-semaines, inférieur à Fréron, vous vous êtes
persuadé avoir une valeur quelconque ou plutôt
que vous le persuadez, à force de tapage, à une
foule d'ignorants volontaires, ils savent lire. Votre
aplomb et votre audace les éblouissent, ni plus ni
moins que saint Paul : il n'eut qu'un talent, celui
de parler *la bouche ouverte*, et fut ébloui, pris d'in-
solation sur le chemin de Damas.

Allez votre train, pauvre fou !

Je poursuis mon petit chemin ; je viens d'avoir,
à Marseille, de quarante à cinquante mille lecteurs;
j'en aurai cette fois cent mille, c'est le dixième de
votre armée, mais mon armée va se recrutant, la
votre compte déjà de nombreux déserteurs, que
ceci vous soit dit en passant, mon compère.

*
* *

Donc cent mille lecteurs sauront que vous êtes
né noble, et que vous vous donnez le ridicule de

vous désennoblir, pour conquérir *la gloire en gros sous* ; que vous êtes un méchant écrivain.

Qu'ayant trouvé chez un marchand de bric à brac le *Stradivarius* du *cautionnement*, vous en jouez comme un ménétrier ; que, sur la harpe de David de la *publicité*, vous passez votre queue de singe, ce qui lui fait rendre des sons monotones, bons à endormir Saül, mais peu aptes à calmer ses colères après la défaite de Gelboé.

Que vous n'allez pas à la cheville des plus humbles chroniqueurs qui se respectent.

Que vous êtes souvent malpropre en exprimant les idées d'autrui, sous prétexte de les rendre plus spirituelles.

Que vous avez avoué, vous-même, être une tête sans cervelle.

Que vous n'avez pas l'esprit français toujours respectueux pour les grandes infortunes, méritées et imméritées, qu'en un mot, vous êtes un petit Erostrate capable, non de brûler Paris, d'incendier la France, mais de rire de cette immense conflagration, pourvu que vous vendiez beaucoup de *Lanternes*, et puissiez vous écrier à la pâle lueur des cendres incandescentes : Ne l'avais-je pas prévu, que les pompiers auraient reçu, par les soins de la docte faculté gouvernementale, un narcotique, et que, l'armée entière ayant pris médecine, était débilitée à un tel point qu'elle s'est laissé enfumer au gîte, comme renards, fouines, taupes, lapins et lièvres.

****

Toutes ces vérités, reproduites ici sommairement, sont prouvées par mes quatre premières lettres éditées par Bellue, rue Thiars, 1, à Marseille, sous le pseudonyme de Mathurin. J'ai cru devoir, ma dignité d'écrivain honnête homme me la persuadé, vous faire savoir que Mathurin c'était Rocoffort, que Rocoffort vous mettait au défi de lui répondre ni sérieusement ni même en ricanant.

Vous n'avez rien répondu parce que tout est vrai, et que vous n'avez pas assez d'esprit pour vous sauver du ridicule par une bonne plaisanterie.

En vain allèguerez-vous que vous êtes insensible à mes dires, assertions et preuves, pourvu que vous vendiez bien vos *Lanternes*. Si mince soit votre valeur littéraire et guerrière, vous êtes assez spadassin et beaucoup trop matamore pour être cru sur parole.

Nemini creditur affirmans suam turpitudinem.

On ne croit pas à celui qui affirme sa propre turpitude.

****

Vous avez assommé un imprimeur, soit la matière inerte, parce que vous l'aviez sous la main à Paris. Autant valait-il jeter par la fenêtre tous les caractères de son imprimerie. Les gouvernements révolutionnaires n'agissent pas autrement, les despotes font de pareilles sottises, l'inquisition ne brûle plus les livres, mais on ruine les imprimeurs et on disperse leur matériel. Nous avons vu ces horreurs, mais nous ne nous attendions pas à les voir pratiquer par un homme qui se dit et que tant de gens croient libéral, à la honte de la presse qui le soutient et qui l'applaudit ; il y a de sa part complicité morale.

****

En vain les philintes du pseudo-libéralisme, vont-ils dire en ma présence, dans les bureaux de la préfecture, *première division, section de la librairie, que les honnêtes gens doivent voir tout cela de sang-froid* ; je me crois aussi honnête qu'eux et ne partage nullement leur quiétisme. Attrappe, beau chérubin, Marseillais aux favoris crépés, et retiens ta langue devant Rocoffort, quand elle va exprimer une absurdité, presque une couardise.

****

Le *Sémaphore* n'annoncera plus mes brochures, que m'importe, je les ferai afficher par la ville.

* *

Assez de sérieux, un peu de comique ; à moi Molière et Regnard ! Si pamphlétaires que vous ayez été, si vous reviviez de nos jours, en présence du carnaval littéraire auquel nous assistons, vous le seriez davantage. Ta philosophie, Molière, ton esprit facilement satirique, Regnard, nous donneraient de bien belles comédies.

* *

Celles que vous nous avez laissées, s'appliquent à la circonstance, usons et abusons des citations. C'est un genre que le citoyen Rochefort veut introniser, qu'il a intronisé dans sa brochure n° 8. Si mauvais soit un livre, il y a toujours quelque chose de bon à lui emprunter, empruntons à Rochefort sa manie de citations. *Contraria Contrariis; Similia Similibus.* C'est de l'homéopathie, et l'homéopathie fait son chemin, malgré les routiniers.

Vous vous battez, vous et les vôtres, beaux Parisiens de la décadence ! Allons donc ! Vous battez les gens sans défense. Sous prétexte de duels, vous déjeunez ensemble à la porte Maillot ou au bois de Vincennes, et puis vous venez raconter vos prouesses au public ; ceux-ci en style des halles, ceux-là en matamores. Henri Rochefort et votre F. de Vendôme duc de Beaufort roi des halles, Henri Rochefort et votre Milord-Seymour, pauvres débardeurs avinés de la descente de la Courtille, pauvres ravageurs littéraires sans esprit et sans cœur.

Ah ! que vous voudriez bien me tenir à portée de vous, beau lanternier. Avec quelle joie saisissant le fléau du batteur en granges que vous mettez en scène dans votre lanterne n° 6, page 304, vous essaieriez de me mettre en miettes. M'est avis que vous trouveriez à qui parler, et que, sans tambour ni trompette, vous pourriez me voir très de près, moi, le vieux chasseur d'Afrique, s'honorant d'avoir servi sous le lieutenant-colonel vicomte de Chabannes, ne s'honorant pas d'avoir servi sous le citoyen colonel R... ; cousin par ma mère du comte de Pontevès-Bargème, général mort glorieusement sous les murs de Sébastopol, cousin du pauvre Lieutenant, son frère, mort sous les murs du fort l'Empereur, cousin par la même raison du duc de Sabran Pontevès et du comte de Sabran Pontevès. C'est peut-être pour cette raison que, dans mon dernier écrit, je m'étais appelé Mathurin. Vous m'avez forcé, comte Henry Lusay de Rochefort, à vous dire, voilà Rocoffort !!! Nous avons de nobles traditions dans nos familles, vous reniez la vôtre, pourquoi?

Parce que vous parodiez dans vos lanternes le mot de Triboulet et de Victor Hugo.

« Vos mères aux valets se sont prostituées »

Voulant faire de la popularité et faire croire aux gens qu'on vous a sevré avec le brou et noir des partiates.

Question d'argent, question de boutique ; où allons nous ? Grand Dieu!

Et à présent Sosie-Rochefort, écoute Mercure-Rocoffort. Je fais aussi de la copie à coup de mémoire, mais je choisis les beaux et bons endroits, et ne cours pas aux ordures comme les pourceaux à la fange.

Ah! tu fais des vaudevilles, monsieur Rochefort. Tu as fait la *Vieillesse de Brididi* ; quels lupanars fréquentes-tu donc ? Encore si tu n'étais pas plagiaire ; ton dialogue est peu méritoire, il est bien à toi ; ton scènario est bon, tu l'as pillé dans *les vieux péchés* de Bayard et Mesleville.

J'ai, moi aussi, tu le vois, de petites histoires qui pourraient se passer de commentaires, et *comme toi j'aime mieux qu'elles ne s'en passent pas.*

(*Voir lanterne* 8, *page* 399.)

Je n'en ai pas fini avec vous, monsieur de Rochefort, la matière est inépuisable, pas une seule de vos lignes que l'on ne puisse réfuter victorieusement, vous écrivez sans réfléchir. Vos absurdités économiques, légales et industrielles, me serviront quelquefois d'objectif dans mes lettres successives à Napoléon III. Vous avez fait une table raisonnée mais mal raisonnée, qui indique des chapitres sérieusement humouristique, j'aurai cette hardiesse, moi qui respecte la hiérarchie militaire et la hiérarchie civile, de déposer ces chapitres au pied du trône. Je n'ai pas la sottise de dire: votre majesté, comme on dirait votre obésité ou votre calvitie, mais mon Empereur, ça me va, je porte l'uniforme de l'ordre, je n'endosse pas la livrée du prince, "exècre la carmagnole et le :

« Ça ira
« Ça ira
« Les aristocrates à la lanterne. »

Et maintenant rions avec Molière.

ACTE PREMIER

SCÈNE PREMIÈRE

SOSIE.

Qui va là ? Eh ! ma peur à chaque pas s'accroît.
Messieurs, ami de tout le monde

Ah ! quelle audace sans seconde
De marcher à l'heure qu'il est !
Que mon maître couvert de gloire
Me joue ici d'un vilain tour !
Quoi ! si pour son prochain il avait quelque amour,
M'aurait-il fait partir par une nuit si noire ?
Et pour me renvoyer annoncer son retour
Et le détail de sa victoire,
Ne pouvait-il pas bien attendre qu'il fût jour ?
Sosie, à quelle servitude
Tes jours sont-ils assujétis !
Notre sort est beaucoup plus rude
Chez les grands que chez les petits.
Ils veulent que pour eux tout soit dans la nature
Obligé de s'immoler.
Jour et nuit, grêle, vent, péril, chaleur, froidure,
Dès qu'ils parlent il faut voler.
Vingt ans d'assidu service
N'en obtiennent rien pour nous :
Le moindre petit caprice
Nous attire leur courroux.
Cependant notre âme insensée
S'acharne au vain honneur de demeurer près d'eux,
Et s'y veut contenter de la fausse pensée
Qu'ont tous les autres gens que nous sommes heureux.
Vers la retraite en vain la raison nous appelle,
En vain notre dépit quelquefois y consent ;
Leur vue a sur notre zèle
Un ascendant trop puissant,
Et la moindre faveur d'un coup-d'œil caressant
Nous rengage de plus belle.
Mais enfin, dans l'obscurité,
Je vois notre maison, et ma frayeur s'évade.
Il me faudrait pour l'ambassade,
Quelque discours prémédité.

Je dois aux yeux d'Alcmène un portrait militaire
Du grand combat qui met nos ennemis à bas ;
   Mais comment diantre le faire,
    Si je ne m'y trouvais pas ?
N'importe, parlons-en et d'estoc et de taille,
    Comme oculaire témoin.
Combien de gens font-ils des récits de bataille
    Dont ils se sont tenus loin !
   Pour jouer son rôle sans peine,
   Je le veux un peu repasser.
Voici la chambre où j'entre en courrier que l'on mène ;
   Et cette lanterne est Alcmène,
   A qui je me dois adresser.

             (Sosie pose sa lanterne à terre.)

Madame Amphytrion, mon maître est votre époux...
(Bon ! beau début !) l'esprit toujours plein de vos charmes,
   M'a voulu choisir entre tous
  Pour vous donner avis du succès de ses armes,
Et du désir qu'il a de se voir près de vous.
   Ah ! vraiment, mon pauvre Sosie,
   A te revoir j'ai de la joie au cœur.
   — Madame, ce m'est trop d'honneur,
   Et mon destin doit faire envie.
(Bien répondu !) — Comment se porte Amphytrion ?
   — Madame, en homme de courage,
Dans les occasions où la gloire l'engage.
   (Fort bien ! belle conception !)
  — Quand viendra-t-il, par son retour charmant,
   Rendre mon âme satisfaite ?
— Le plus tôt qu'il pourra, madame assurément,
  Mais bien plus tard que son cœur ne souhaite,
(Ah !) — Mais quel est l'état où la guerre l'a mis ?
Que dit-il ? que fait-il ? Contente un peu mon âme.
   — Il dit moins qu'il ne fait, madame ,
   Et fait trembler les ennemis.

(Peste ! où prend mon esprit toutes ces gentillesses ?)
— Que font les révoltés ? Dis-moi, quel est leur sort ?
— Ils n'ont pu résister madame, à notre effort :
    Nous les avons taillés en pièces,
    Mis Ptérélas leur chef à mort ,
Pris Télèbe d'assaut : et déjà dans le port
    Tout retentit de nos prouesses.
— Ah ! quel succès, ô dieux ! qui l'eût pu jamais croire
Raconte moi, Sosie, un tel événement.
— Je le veux bien, madame ; et sans m'enfler de gloire,
    Du détail de cette victoire
    Je puis parler très savamment.
    Figurez-vous donc que Télèbe,
    Madame, est de ce côté.
      (Sosie marque les lieux sur sa main où à terre.)
    C'est une ville, en vérité,
    Aussi grande quasi que Thèbe.
      La rivière est comme là ;
      Ici nos gens se campèrent :
      Et l'espace que voilà,
      Nos ennemis l'occupèrent.
      Sur un haut, vers cet endroit,
      Etait leur infanterie :
      Et plus bas, du côté droit,
      Etait la cavalerie.
Après avoir aux dieux adressé les prières,
Tous les ordres donnés, on donne le signal :
Les ennemis, pensant nous tailler des croupières ,
Firent trois pelotons de leurs gens à cheval ;
Mais leur chaleur par nous fut bientôt réprimée,
    Et vous allez voir comme quoi.
Voilà notre avant-garde à bien faire animée ;
    Là, les archers de Créon, notre roi ;
    Et voici le corps d'armée,
      (On fait un peu de bruit.)

Qui d'abord... Attendez ; le corps d'armée a peur :
J'entends quelque bruit, ce me semble.

SCÈNE II

MERCURE , SOSIE.

MERCURE (Sous la figure de Sosie , sortant de la maison
d'Amphitryon).
Sous ce minois qui lui ressemble,
Chassons de ces lieux ce causeur,
Dont l'abord importun troublerait la douceur
Que nos amants goûtent ensemble.
SOSIE (sans voir Mercure). Mon cœur tant soit peu se
(rassure.
Et je pense que ce n'est rien.
Crainte pourtant de sinistre aventure ,
Allons chez nous achever l'entretien.
MERCURE (à part). Tu seras plus fort que Mercure,
Ou je t'en empêcherai bien.
SOSIE (sans voir Mercure). Cette nuit en longueur me
(semble sans pareille.
Il faut depuis le temps que je suis en chemin,
Ou que mon maître ait pris le soir pour le matin
Ou que trop tard au lit le blond Phébus sommeille,
Pour avoir trop pris de son vin.
MERCURE (à part). Comme avec irrévérence
Parle des dieux ce maraud !
Mon bras saura bien tantôt
Châtier cette insolence ;
Et je vais m'égayer avec lui comme il faut,
En lui volant son nom avec sa ressemblance.

SOSIE (apercevant Mercure d'un peu loin). Ah! par ma foi,
(j'avais raison:
C'est fait de moi, chétive créature !
Je vois devant notre maison
Cert in homme dont l'encolure
Ne me présage rien de bon.
Pour faire semblant dassurance,
Je veux chanter un peu d'ici.

(Il chante.)

MERCURE. Qui donc est ce coquin qui prend tant de
(licence.
Que de chanter et m'étourdir ainsi ?

(A mesure que Mercure parle, la voix de Sosie s'affaiblit pe
à peu
Veut-il qu'à l'étriller ma main un peu s'applique?
SOSIE (à part). Cet homme assurément n'aime pas la
(musique
MERCURE. Depuis plus d'une semaine
Je n'ai trouvé personne à qui rompre les os ;
La vigueur de mon bras se perd dans le repos,
Et je cherche quelque dos
Pour me remettre en haleine.
SOSIE (à part). Quel diable d'homme est-ce ci ?
De mortelles frayeurs je sens mon âme atteinte.
Mais pourquoi trembler tant aussi?
Peut-être a-t-il dans l'âme autant que moi de crainte,
Et que le drôle parle ainsi
Pour me cacher sa peur sous une audace feinte.
Oui, oui, ne souffrons point qu'on nous croie un oison
Si je ne suis hardi, tâchons de le paraître.
Faisons-nous du cœur par raison :
Il est seul, comme moi : je suis fort, j'ai bon maître,
Et voilà notre maison.
MERCURE. Qui va là ?

SOSIE.   Moi.

MERCURE.   Qui, moi ?

SOSIE.   Moi. (A part.) Courage Sosie,

MERCURE. Quel est ton sort ? dis-moi.

SOSIE   D'être homme et de parler.

MERCURE. Es-tu maître ou valet ?

SOSIE.   Comme il me prend envie.

MERCURE. Où s'adressent tes pas ?

SOSIE.   Où j'ai dessein d'aller.

MERCURE. Ah ! ceci me déplaît.

SOSIE.   J'en ai l'âme ravie.

MERCURE. Résolument, par force ou par amour,
     Je veux savoir de toi, traître,
Ce que tu fais, d'où tu viens avant jour,
     Où tu vas, à qui tu peux être.

SOSIE. Je fais le bien et le mal tour à tour ;
Je viens de là, vais là ; j'appartiens à mon maître.

MERCURE. Tu montres de l'esprit, et je te vois en train
  e trancher avec moi de l'homme d'importance.
l me prend un désir pour faire connaissance,
     De te donner un soufflet de ma main.

SOSIE. A moi-même ?

MERCURE.   A toi-même ! et t'en voilà certain.

(Mercure donne un soufflet à Sosie.)

SOSIE. Ah ! ah ! c'est tout de bon.

MERCURE.   Non, ce n'est que pour rire,
Et répondre à tes quolibets.

SOSIE.   Tudieu ! l'ami, sans vous rien dire,
Comme vous baillez des soufflets !

MERCURE. Ce sont là de mes moindres coups,
De petits soufflets ordinaires.

SOSIE.   Si j'étais aussi prompt que vous,
Nous ferions de belles affaires.

MERCURE.   Tout cela n'est encor rien,
Nous verrons bien autre chose.
Pour y faire quelque pause,
Poursuivons notre entretien.
SOSIE. Je quitte la partie.

                       (Sosie veut s'en aller.)

MERCURE (arrêtant Sosie). Où vas-tu ?
SOSIE.   Que t'importe ?
MERCURE.   Je veux savoir où tu vas.
SOSIE.   Me faire ouvrir cette porte.
           Pourquoi retiens-tu mes pas ?
MERCURE. Si jusqu'à l'approcher tu pousses ton audace,
        Je fais sur toi pleuvoir un orage de coups.
SOSIE   Quoi ! tu veux par ta menace
        M'empêcher d'entrer chez nous ?
MERCURE. Comment ! chez nous ?
SOSIE.   Oui, chez nous.
MERCURE.   O le traître !
       Tu te dis de cette maison ?
SOSIE. Fort bien. Amphitryon n'en est-il pas le maître ?
MERCURE.   Eh bien ! que fais cette raison ?
SOSIE. Je suis son valet.
MERCURE.   Toi ?
SOSIE.   Moi.
MERCURE.   Son valet ?
SOSIE.   Sans doute.
MERCURE. Valet d'Amphitryon ?
SOSIE.   D'Amphitryon, de lui.
MERCURE. Ton nom est ?
SOSIE.   Sosie.
MERCURE.   Eh ! comment ?
SOSIE.   Sosie.
MERCURE.   Ecoute,
Sais-tu que de ma main je t'assomme aujourd'hui ?

Sosie. Pourquoi de quelle rage ton âme est saisie?
Mercure. Qui te donne, dis-moi, cette témérité
     De prendre le nom de Sosie ?
Sosie. Moi, je ne le prends point ; je l'ai toujours porté.
Mercure. Oh ! le mensonge horrible, et l'impudence ex-
                    (trême !

Tu m'oses soutenir que Sosie est ton nom ?
Sosie. Fort bien. Je soutiens par la grande raison
Qu'ainsi l'a fait des dieux la puissance suprême,
Et qu'il n'est pas en moi de pouvoir dire non,
     Et d'être un autre que moi-même.
Mercure. Mille coups de bâton doivent-être le prix
     D'une pareille effronterie.
Sosie (battu par Mercure). Justice, citoyens ! Au se--
            (cours, je vous prie !
Mercure. Comment, bourreau, tu fais des cris !
Sosie.   De mille coups tu me meurtris,
     Et tu ne veux pas que je crie !
Mercure. C'est ainsi que mon bras...
Sosie.   L'action ne vaut
                    (rien.

     Tu triomphes de l'avantage
Que te donne sur moi mon manque de courage :
     Et ce n'est pas en user bien.
     C'est pure fanfaronnerie
De vouloir profiter de la poltronnerie
     De ceux qu'attaque notre bras.
Battre un homme à jeu sûr n'est pas d'une belle âme ;
     Et le cœur est digne de blâme
     Contre les gens qui n'en ont pas.
Mercure. Eh bien ! es-tu Sosie, à présent? Qu'en dis-tu?
Sosie. Tes coups n'ont point, en moi, fait de métamor-
                  (phose,
Et tout le changement que je trouve à la chose
     C'est d'être Sosie battu.

MERCURE (menaçant Sosie). Encor ! Cent autres coups
(pour cette autre impudence.
SOSIE.   De grâce, fais trêve à tes coups.
MERCURE. Fais donc trêve à ton insolence.
SOSIE. Tout ce qu'il te plaira ; je garde le silence ;
La dispute est par trop inégale entre nous.
MERCURE. Es-tu Sosie encor ? dis, traître !
SOSIE.   Hélas ! je suis ce que tu veux ;
Dispose de mon sort tout au gré de tes vœux,
        Ton bras t'en a fait le maître.
MERCURE. Ton nom était Sosie, à ce que tu disais ?
SOSIE. Il est vrai, jusqu'ici j'ai cru la chose claire ;
        Mais ton bâton, sur cette affaire,
        M'a fait voir que je m'abusais.
MERCURE. C'est moi qui suis Sosie, et tout Thèbes l'a-
(voue ;
Amphitryon jamais n'en eut d'autre que moi.
SOSIE. Toi, Sosie !
MERCURE.   Oui, Sosie ; et si quelqu'un s'y joue,
        Il peut bien prendre garde à soi.
SOSIE (à part). Ciel ! me faut-il ainsi renoncer à moi-
(même,
Et par un imposteur me voir voler mon nom !
        Que son bonheur est extrême
        De ce que je suis poltron !
Sans cela, par la mort ! ..
MERCURE.   Entre tes dents, je pense,
        Tu murmures je ne sais quoi,
SOSIE. Non, mais, au nom des dieux, donne-moi la
(licence
        De parler un moment à toi.
MERCURE. Parle.
SOSIE.   Mais promets-moi de grâce,
        Que les coups n'en seront point.
        Signons une trêve.

MERCURE.   Passe :
        Va, je t'accorde ce point.
SOSIE. Qui te jette, dis-moi, dans cette fantaisie ?
Que te reviendra-t-il de m'enlever mon nom ?
Et peux-tu faire enfin, quand tu serais démon,
Que je ne sois pas moi, que je ne sois Sosie ?
MERCURE (levant son bâton sur Sosie).
        Comment ! tu peux... ?
SOSIE.   Ah ! tout doux :
        Nous avons fait trêve aux coups.
MERCURE. Quoi ! pendard, imposteur, coquin !..
SOSIE   Pour des
                                        (injures,

        Dis-m'en tant que tu voudras ;
        Ce sont légères blessures,
        Et je ne m'en fache pas.
MERCURE. Tu te dis Sosie ?
SOSIE   Oui, quelque conte frivole...
MERCURE. Sus, je romps notre trève, et reprend ma parole
SOSIE N'importe, je ne puis m'anéantir pour toi ,
Et souffrir un discours si loin de l'apparence.
Etre ce que je suis est-il en ta puissance ,
        Et puis-je cesser d'être moi ?
S'avisa-t-on jamais d'une chose pareille ,
Et peut-on démentir cent indices pressants ?
        Rêvez-je ? Est-ce que je sommeille ?
Ai-je l'esprit troublé par des transports puissants ?
        Ne sens-je pas bien que je veille ?
        Ne suis-je pas dans mon bon sens ?
Mon maître Amphitryon ne m'a-t-il pas commis
A venir en ces lieux vers Alcmene sa femme ?
Ne lui dois-je pas faire, en lui vantant sa flamme,
Un récit de ses faits contre nos ennemis ?
Ne suis-je pas du port arrivé tout à l'heure ?
        Ne tiens-je pas une lanterne en main ?

Ne te trouvé-je pas devant notre demèure ?
Ne t'y parlai-je pas d'un esprit tout humain ?
Ne tiens-tu pas fort de ma poltronnerie ?
     Pour m'empêcher d'entrer chez nous ,
N'as-tu pas sur mon dos exercé ta furie ?
     Ne m'as-tu pas roué de coups ?
   Ah ! tout cela n'est que trop véritable.
    Et, plût au ciel le fût-il moins !
Cesse donc d'insulter au sort d'un misérable ,
Et laisse à mon devoir s'acquitter de ces soins.
MERCURE. Arrête, ou sur ton dos le moindre pas attire
Un assommant éclat de mon juste courroux.
     Tout ce que tu viens de dire
     Est à moi, hormis les coups.
SOSIE. Ce matin du vaisseau, plein de frayeur en l'âme,
Cette *lanterne* sait comme je suis parti.
Amphitryon du camp vers Alcmène sa femme,
M'a-t-il pas envoyé ?
MERCURE   Vous en avez menti.
C'est moi qu'Amphitryon députe vers Alcmène,
Et qui du port persique arrive de ce pas ;
Moi qui viens annoncer la valeur de son bras,
Qui nous fait remporter une victoire pleine,
Et de nos ennemis a mis le chef à bas.
C'est moi qui suis Sosie enfin, de certitude,
    Fils de Dave, honnête berger :
Frère d'Arpage, mort en pays étranger ;
    Mari de Cléanthis la prude ,
    Dont l'humeur me fait enrager ;
Qui dans Thèbe ai reçu mille coups d'étrivière
    Sans en avoir jamais dit rien,
Et jadis en public fus marqué par derrière
    Pour être trop homme de bien.
SOSIE (bas, à part). Il a raison. A moins d'être Sosie,
   On ne peut pas savoir tout ce qu'il dit ;

Et, dans l'étonnement dont mon âme est saisie,
Je commence à mon tour à le croire un petit.
En effet, maintenant que je le considère,
Je vois qu'il a de moi taille, mine, action.
    Faisons-lui quelque question,
      Afin d'éclaircir ce mystère.
(Haut.) Parmi tout le butin fait sur nos ennemis,
Qu'est-ce qu'Amphitryon obtint pour son partage ?
MERCURE. Cinq fort gros diamants, en nœuds
                    proprement mis,
Dont leur chef se paraît comme d'un rare ouvrage.
SOSIE. A qui destine-t-il un si riche présent !.
MERCURE. A sa femme ; et sur elle il le veut voir
                      paraître.
SOSIE. Mais où pour l'apporter, est-il mis à présent !
MERCURE. Dans un coffre scellé des armes de mon
                     (maître.
SOSIE (bas, à part). Il ne ment pas d'un mot à chaque
                     répartie ;
Et de moi je commence à douter tout de bon.
Près de moi par la force il est déjà Sosie ;
Il pourait bien encore l'être par la raison.
    Pourtant quand je me tâte et que je me rappelle,
      Il me semble que je suis moi.
Où puis-je rencontrer quelque clarté fidèle
      Pour démêler ce que je vois ?
Ce que j'ai fait tout seul, et que n'a vu personne,
A moins d'être moi-même on ne le peut savoir,
Par cette question il faut que je l'étonne ,
C'est de quoi le confondre, et nous allons le voir.
(Haut) Lorsqu'on était aux mains, que fis-tu dans nos
                    tentes,
    Où tu courus seul te fourrer ?
MERCURE. D'un jambon...
SOSIE (bas, à part).   L'y voilà !

MERCURE.   Que j'allai déterrer.
Je coupai bravement deux tranches succulentes,
          Dont je sus fort bien me bourrer.
Et, joignant à cela d'un vin que l'on ménage,
Et dont, avant le goût, les yeux se contentaient,
          Je pris un peu de courage
          Pour nos gens qui se battaient.
SOSIE (bas, à part). Cette preuve sans pareille
          En sa faveur conclut bien ;
          Et l'on n'y peut dire rien,
          S'il n'était dans la bouteille.
(Haut). Je ne saurais nier, aux preuves qu'on m'expose,
Que tu ne sois Sosie, et j'y donne ma voix ;
Mais si tu l'es, dis-moi qui tu veux que je sois :
Car encor faut-il bien que je sois quelque chose.
MERCURE. Quand je ne serai plus Sosie,
          Sois-le, j'en demeure d'accord ;
Mais, tant que je le suis, je te garantis mort,
          S'il te prends cette fantaisie.
SOSIE. Tout cet embarras met mon esprit sur les dents,
          Et la raison à ce qu'on voit s'oppose.
Mais il faut terminer enfin par quelque chose :
Et le plus court pour moi, c'est d'enter là-dedans.
MERCURE. Ah ! tu prends donc, pendard, goût à la bas-
                              (tonnade ?
SOSIE (battu par Mercure).
Ah ! quest-ce ci, grands dieux ? il frappe un ton plus
                              (fort,
Et mon dos pour un mois en doit être malade.
Laissons ce diable d'homme, et retournons au port.
O juste ciel, j'ai fait une belle ambassade !
MERCURE (seul). Enfin je l'ai fait fuir ; et, sous ce trai-
                              (tement,
De beaucoup d'actions il a reçu la peine.
Mais je vois Jupiter, que fort civilement
          Reconduit l'amoureuse Alcmène.

Eh bien ! Sosie, qu'en dis-tu ?

Trouves-tu Mercure de ton goût ?

Après Molière, un peu de Regnard, monsieur du Lansquenet.

Vous êtes le proxénète de la réclame, je suis amant de la renommée, je suis Valère, vous êtes un marquis de contrebande.

Voici le *Joueur* de Regnard, acte III, scène XI,

LE MARQUIS En agir avec moi comme avec l'as de pique ?

VALÈRE. Moi, monsieur ?

LE MARQUIS (bas).   Il me craint. (Haut). Vous faites
                                         (le plongeon,
Petit noble à nazarde enté sur sauvageon !
                    (Valère enfonce son chapeau.)

LE MARQUIS (bas). Je crois qu'il a du cœur. (Haut). Je
                                    (retiens ma colère;
Mais...

VALÈRE (mettant la main sur son épée).
        Vous voulez donc? il faut vous satisfaire.

LE MARQUIS. Bon ! bon ! je ris.

VALÈRE.   Vos ris ne sont point de mon goût,
Et vos airs insolents ne plaisent point du tout.
Vous êtes un faquin...

LE MARQUIS.   Cela vous plaît à dire.

VALÈRE. Un fat, un malheureux.

LE MARQUIS.   Monsieur, vous voulez rire.

VALÈRE (mettant l'épée à la main).
Il faut voir sur-le-champ si les vice-baillis
Sont si francs du collier que vous l'avez promis.

LE MARQUIS. Mais faut-il nous brouiller pour un sot
                                    (point de gloire ?

VALÈRE. Oh ! le vin est tiré, monsieur, il le faut boire.

LE MARQUIS (criant). Ah ! ah ! je suis blessé !

SCÈNE XII

LE MARQUIS, VALÈRE, HECTOR.

HECTOR (accourant).   Quels desseins emportés...
LE MARQUIS (mattant l'épée à la main). Ah! c'est trop
                                        (endurer...
HECTOR (au marquis).   Ah! monsieur, arrêtez!
LE MARQUIS (à Hector). Laissez-moi donc.
HECTOR (au marquis).   Tout beau.
VALÈRE (à Hector).   Cesse de le contraindre!
Va, c'est un malheureux qui n'est pas bien à craindre.
HECTOR (au marquis). Quel sujet...
LE MARQUIS (fièrement à Hector).   Votre maître à cer-
                                    (tains petits airs...
              (Valère s'approche du marquis).
LE MARQUIS (effrayé dit doucement).
Et prend mal à propos les choses de travers.
On vient civilement pour s'éclaircir d'un doute,
Et monsieur prend la chèvre; il met tout en déroute,
Fait le petit mutin. Oh! cela n'est pas bien.
HECTOR (au marquis). Mais encor, quel sujet?
LE MARQUIS (à Hector).   Quel sujet? moins que rien :
L'amour de la comtesse auprès de lui m'appelle...
HECTOR (au marquis). Ah! diable, c'est avoir une
                                    (vieille querelle.
Quoi! vous osez, monsieur, d'un cœur ambitieux,
Sur notre patrimoine ainsi jeter les yeux?
Attaquer la comtesse, et nous le dire encore?
LE MARQUIS (à Hector). Bon! je ne l'aime pas; c'est
                                    (elle qui m'adore.
VALÈRE (au marquis). Oh! vous pouvez l'aimer autant
                                    (qu'il vous plaira;
C'est un bien que jamais on ne vous enviera :

Vous êtes en effet un amant digne d'elle ;
Je vous cède les droits que j'ai sur cette belle.
HECTOR. Oui, les droits sur le cœur; mais sur la bours
(no
LE MARQUIS (à part, mettant son épée dans le fourrea
Je le savais bien, moi, que j'en aurais raison.
Et voilà comme il faut se tirer d'une affaire.
HECTOR (au marquis). N'auriez-vous point besoin d'
(peu d'eau vulnérair
LE MARQUIS (à Valère). Je suis ravi de voir que vous av
(du cœur,
Et que le tout se soit passé dans la douceur.
Serviteur. Vous et moi nous en valons deux autres.
Je suis de vos amis.
VALÈRE. *Je ne suis pas des vôtres.*

Et pour finir, voici le bouquet de ce feu d'artifi
d'esprit français :

Vous vous battez, vous autres, je n'en cro
rien.

Il est de faux dévots ainsi que de faux braves,
Et je ne sache pas qu'où l'honneur les conduit
es vrais braves soient ceux qui font le plus de bru

Marseille, 18 juillet 1868.

P. S. — Pardonnez-moi, Molière et Regnard
j'écris ceci au *cabanon*, sous les platanes, sans
livres ni dictionnaire ; si ma mémoire est fautive
et se trompe d'acte, de scène, ou change quel
ques mots du texte, pardonnez-moi.

SIXIÈME LETTRE

A M. HENRI ROCHEFORT

Fabricant de Lanternes à Paris.

————◦————

Eh bien! en vérité, les sots auront beau dire
Quand on n'a pas d'argent, c'est amusant d'écrire ;
Si c'est un passe-temps pour se désennuyer,
Il vaut bien la bouillotte ; et si c'est un métier,
Peut-être qu'après tout ce n'en est pas un pire
Que fille entretenue, avocat ou portier.

Ces vers, ami Rochefort, sont d'Alfred de Musset, pour que vous le sachiez et oyez et admirez combien je suis ridicule, et combien l'abus de l'étude a faussé mon goût sur l'art d'écrire. Qu'on amène bien vite à mon chevet un aliéniste, *il n'est que temps, il n'est que temps*, comme vous dites dans votre langage si pur et si correct. Oui, ami Rochefort, je préfère ces vers à la prose de vos amis ; sans doute, vous la leur avez dictée, pour faire œuvre fière de diplomate et de grammairien de première catégorie.

« Nous recevons de MM. Emile Blavet et Victor Noir la lettre suivante, que nous nous empressons de publier :

« Monsieur le rédacteur,

« Nous comptons sur votre impartialité pour reproduire la lettre suivante, que nous adressons à la *Gazette des Tribunaux*.

« Agréez l'expression de notre parfaite considération,

Emile BLAVET, Victor NOIR.

« *A Monsieur le rédacteur en chef de la* Gazette des Tribunaux.

« Monsieur le rédacteur,

« Vous avez, d'après de *faux renseignements*, raconté d'une façon *inexacte* la scène qui s'est passée à l'imprimerie de M. Rochette.

« Nous avons accompagné M. Rochefort au *seul titre de témoins*, en prévision d'une rencontre immédiate ; *aucun de nous* n'avait une canne plombée ; *pas même* M. Rochefort.

« En attendant que l'*instruction* rétablisse les faits dans leur *vérité absolue*, nous donnons le démenti le plus formel à toutes les *fausses allégations* qui, dans un but facile à apprécier, ont été publiées.

Paris, 12 juillet.

Emile BLAVET, Victor NOIR.

Qu'est-ce que de *faux renseignements* RACONTÉ d'une *façon inexacte ?* C'est une logomachie, un heurt de mots, un pléonasme. Puis, à raconté, il faut un *s*.

Être vos témoins, c'est un *titre*. Oh ! oh ! si c'en est un, il est peu honorable, mais je suis persuadé que ce n'est pas même une fonction, encore moins une qualité.

L'*instruction* qui rétablira les faits dans leur *vérité absolue* sera, je m'en flatte, une *instruction* plus *solide* que la vôtre et celle de vos amis. Elle dira : « Nous déclarons que la *vérité absolue* de cette triste affaire, que les *cancans* avaient porté à *cent*, doit être réduite à 60 % »; c'est encore un beau dividende et contre lequel il ne reste plus à votre avocat, pour vous tirer d'affaire, que la ressource de consulter les livres d'Esquirol et autres aliénistes, plutôt que de fouiller les codes expliqués par Troplong ou de compulser la jurisprudence et les arrêts qui la fixent, recueillis par Dalloz.

Et ne croyez pas que vos adversaires en mauvaise politique peu littéraire soient plus forts que vous et ceux qui s'honorent du titre de vos témoins.

Voici venir Paul de Cassagnac, Gnic-gnac, Croustignac, seigneur de Nérac, Cotignac qui veut jouer au petit Fronsac.

Si j'étais son papa, je lui défendrais d'écrire ; mais le petit mutin lui répondrait : — Petit père, tu en dis de bien plus roides en pleine assemblée législative, *Talis pater*, *Talis filius*, ou, comme on dit chez nous ; *leis chins fan pas dé gats*.

Je ne veux pas citer en entier les deux lettres qu'il adresse (au public, et, par conséquent à moi, j'en suis..... du public). En passant par chez vous, je ne relèverai que ceci.

Il vous dit :

J'ai tenu ta vie dans ma main comme tu as tenu ma vie dans la tienne.

On tient la vie de son adversaire à la pointe de son épée ; on étouffe un moineau dans sa main.

Vous vous êtes donc battu à l'*étouffement réciproque* ; c'est possible : il dit vous avoir vu de *très-près*, je le crois.

Laocoon, enlacé par les serpents, dût les voir de très près ; mais je doute un peu qu'après qu'ils l'eurent étouffé il lui restât la ressource de les étouffer à son tour. Rossignol-Rollin, le célèbre impressario des lutteurs de Provence et autres lieux, rédige mieux ses affiches que vous ne faites vos lettres destinées à une *publicité* qui va du pôle arctique au pôle antarctique, de l'est à l'ouest du monde connu. Quels velches ! grand Dieu, quels velches ! Savez-vous ce que je conclus de tout cela, c'est que vous êtes des vantards et que vous ne vous êtes jamais battus, parce que

Ce que l'on conçoit bien s'énonce clairement,
Et les mots, pour le dire, arrivent aisément.

J'ai sur le chantier une étude peu romanesque de ma vie tout entière, où je parle peu de moi et beaucoup des événements que j'ai cotoyés ; depuis que le ministre de l'instruction publique, après des examens sérieux, déclara sous son scel et le sceau de l'Etat que j'étais apte à beaucoup apprendre, parce que j'avais assez bien étudié dans mes jeunes années. Je m'en voudrais de ne pas justifier ce premier et seul titre que j'ai jamais obtenu. S'il vous reste encore la faculté de comparer deux idées, je vous laisse le soin de conclure. Quelle que soit votre conclusion, il n'en sera pas moins avéré que les gens superficiels en matière littéraire, mais qui savent faire correctement une lettre de commerce en toutes langues connues, disent : c'est ainsi que les Français écrivent. Je ne m'oc-

cupe, moi, que de mon commerce, mais, à coup
sûr, je prendrais un secrétaire si je n'écrivais pas
plus sagement.

Triste ! triste ! triste !

Et, tenez, sans aller plus loin, traversons les
Alpes, allons à Rome, et voyons ce que Crispin
vient d'écrire à Pasquin, sur le socle de la statue
de Marforio, le *Charivari* des Etats du pape :

   — *È Crispino ! tutto il mondo è fatto così nella
nostra famiglia !*

   — *Sicuro, Crispino.*

*Duncque riguarda questo diario, questo gior-
nale.*

*Maccheroni ! tagliarini ! Cattivi tagliarini !
Cattiva maccheronata !*

   — *Tutti i francesi sono* mabuletti, mabulini,
mabulinissimi !

Vous savez que Sterne, l'humouriste anglais,
écrivit sur son calepin :

En France toutes les femmes sont rousses. Une
servante dotée de cette agréable couleur, lui avait
servi des œufs frais à la première auberge où il
avait déjeuné, débarquant en France.

Un mot au *Constitutionnel.* Vous le permet-
tez, ami Rochefort, mon pauvre et malheureux
Menechme

Citons ici tout et textuellement; il y a de bien bonnes choses, mais pourquoi les gâter par des sottises, des non sens, des insultes à M. ON, qui pouvait par conséquent me toucher ou effleurer l'épiderme si chatouilleux du *Genus irritabile vatum*; du plus médiocre rimailleur.

« Dans le *Constitutionnel*, M. Robert Mitchell fait justice, avec autant d'esprit que de raison, de nos petits pamphlétaires du samedi: »

« Paul-Louis Courrier écrivait ses pamphlets dans un admirable style, et mettait sa gloire à n'en tirer aucun profit, il disait que le métier de pamphlétaire n'est honorable que s'il n'a pas pour but un bénéfice d'argent, et mettant ses préceptes en pratique, cet honnête homme donnait ses *libelles*, et se gardait de spéculer *sur ce qu'il appelait sa mission.*

« Paul-Louis Courrier était en outre un érudit qui savait ce dont il parlait et ne méconnaissait jamais les saines lois de la logique et du bon sens.

» Nous avons fait des progrès, et chaque samedi, les lecteurs acclimatés à une certaine température achètent un choix de pamphlets qui ne doivent rien au Vigneron de Veretz. Les auteurs de ces diverses productions se préoccupent médiocrement de l'histoire, de la vérité, ou même de la grammaire française. La grande affaire, c'est de gagner de l'argent, et les uns et les autres y réussissent de manière à satisfaire leurs plus hautes espérances.

» Aujourd'hui le pamphlet est une des plus heureuses entreprises commerciales auxquelles puisse se livrer un écrivain hardi et peu scrupuleux. Cela se vend beaucoup et fort cher, et cela rapporte l'un dans l'autre de 7 à 8,000 fr. par semaine.

» Tel pamphlétaire, qui s'attaque principalement aux souverains et aux ministres, écoule les produits à raison de 20 fr. par invective en moyenne, tous frais déduits.

» Tel autre plus modeste ne s'en prend qu'à ses concurrents en diffamation, et naturellement ses prix sont plus raisonnables.

» Mais, en somme, les uns et les autres se livrent à la même besogne, et ces petites brochures hebdomadaires, rouges ou vertes, illustrées d'une chenille ou d'une lanterne, ne se distinguent guère que par la couleur des couvertures et par celle des opinions.

» Il y a, dans cet *arrière-plan* de la presse, s'essayant à la *politique*, des confusions de principes qui dénotent pour le moins une grande inexpérience.

» Les uns s'indignent contre le parquet, qui ne se désintéresse pas suffisamment dans les affaires de presse, et quand ils se voient personnellemet atttaqués, ils s'empressent de solliciter l'intervention de la justice.

» Un autre affirme, d'une manière aussi inattendue que violente, ce principe de la responsabilité de l'imprimeur, qu'il avait vertueusement répudié quand le gouvernement le maintenait dans la loi.

» Et dans cette sphère, ou la langue de Vadé règne en souveraine, où le français dispute au latin l'honneur de braver l'honnêteté dans les mots on entend des cris, des soufflets, des coups de canne ! Ce sont ces messieurs qui terminent une polémique à leur façon et selon leurs mœurs particulières.

» La presse honorable n'a et ne peut avoir aucune part de responsabilité dans ces diverses industries.

» Nous tenons même à constater que le ton de la

polémique entre grands journaux s'élève et s'épure à mesure que le scandale augmente dans d'autres régions.

» On dirait que la presse *dépose* et qu'en quelque sorte elle se *clarifie* en abandonnant comme un *sédiment impur* les petits pamphlets du samedi. » — *Robert Mitchell.*

Paul-Louis Courrier était pauvre de sa retraite, à demi solde et de mise en disponibilité d'officier d'artillerie ; c'était à peine de quoi mourir d'inanition. Mais le bon, le loyal écrivain si chatié qui se disait vigneron, Tourangeau, avait des vignes. Celui qui plaidait dans un style si purement humouristique contre un voisin qui lui volait son bois jusqu'à concurrence de plus de 25,000 f. dans une coupe partielle réglée par les lois si embrouillées dites : le code des eaux et forêts, celui-là pouvait écrire gratuitement et ouvrir gratuitement sa main pleine de vérités, il les disait si bien ! Mais vous, *Constitutionnel*, pourquoi vendez-vous votre prose ?

—Parce qu'un journal qui peut-être, qui est trop souvent un très mauvais pamphlet doit couvrir ses frais, et qu'il faut que M. Robert Mitchell dîne tous les jours, comme font un maçon et son manœuvre.

— Bien répondu.

— Mais les frais couverts, pourquoi encore de l'argent?

—Parce que celui à votre sens, ô *Constitutionnel* ! qui n'a pas le superflu, n'a pas même le nécessaire. Théorie matérialiste de ce bon Théophile Gautier. Voir la préface du roman licencieux *Mademoiselle de Maupin*. Mais on pardonne volontiers son matérialisme et ses mœurs de sultan saladin à un styliste aussi agréable, il a enduit le vase du miel pur de l'hymette. Quand à M. Robert Mitchell c'est correct. *Sed desinit in piscem.*

O sage *Constitutionnel* ! regarde par la fenêtre à tabatière de cette mansarde dénuée du quartier latin. Un fou de 25 ans qui a dévoré en un an, autour des syrènes et du tapis-vert de quoi se faire place dans la foule, courant à la conquête du million, la dot de soixante rosières, ce famélique lit ton journal, consulte quelques bouquins épars et écrit fiévreusement un pamphlet. Sans un maravédis aujourd'hui, il aura demain argent et célébrité, argent certain et célébrité éphémère. Voilà le mal que je critique, *célébrité éphémère*. Il n'a pas assez mangé de pain dur dans sa mansarde, il n'a pas assez bu d'eau claire, trop tôt il s'est lancé dans l'arène, aussi à travers la vile multitude des écrivains, honte éternelle de la littérature, voit-il venir à lui un vieil Ivanohé, transfuge de Solyme, qui, la visière baissée, le renverse du premier choc de sa lance, puis le genou sur sa poitrine, le poignard de miséricorde sur sa gorge, lui dit : Je ne te tuerai pas, mais retourne au tournois à armes courtoises, réponds poliment à qui t'écris poliment, roi des halles défie-toi des conseillers qui te fréquentent, se nommassent-ils ROBERT MITCHELL ! ! méprise les insulteurs ivres d'alcool, que j'allais observer chez Paul Niquet, quand Paul Niquet existait. Paul Niquet doit avoir de nombreux successeurs ; et maintenant Rochefort veux-tu serrer ma main loyale, et me promettre d'avoir sinon plus de style, au moins plus de loyauté dans tes critiques.

— Oui !

— Ce n'est pas assez de m'avoir serré la main, viens sur mon cœur de soldat loyal, de loyal écrivain, de duelliste plus loyal encore, viens dans mon jardin, je te raconterai mes duels en déjeunant d'œufs frais, de vins frais, de volaille choisie, de fruits savoureux, mais ne vas pas publier ces duels que je regrette, quoique et parce que je suis plein de vie et de santé ; je vois dans mes nuits sans sommeil, le spectre d'un pauvre sergent du *cinquante-cinquième.*

Confessez-vous, me dit le jésuite X... Allons, donc mon révérend, est-ce que la confession guérit certains chagrins ?

— Tous, mon fils, quand on possède l'obéissance passive et sans limite.

— L'obéissance à qui? à vous?—

— Sans doute!

— Sans doute, dites-vous?

— Seyez-vous là, mon révérend, et parcourez cette édition elzévirienne de Montaigne.

— Je la connais.

— Eh bien! persuadez-moi et ôtez-moi le doute.

— Quelques devoirs pieux me demandent en haut.

— Tu n'es qu'un cuistre, mon révérend, et permets-moi de te jeter à la tête les *Provinciales* de Pascal, et les *Monita secreta societatis tuæ*.

— Eh bien, est-ce dit, Rochefort, sommes-nous près de nous réconcilier?

— Non!

— Tu veux mourir dans l'impénitence finale de la sottise à mille atmosphères, à ton aise, va trouver le révérend X... Tu n'es qu'un Tartuffe de libéralisme et tes plumes sont celles du geai.

Un peu de repos. Voilà tantôt une heure que j'écris cette *sixième lettre* aux imbéciles vantards, je les mets tous dans le tas, sans oublier Robert Mitchell. Chaque diable reconnaîtra les siens, mais je suis persuadé que le diablotin *Ariel*, qui préside,

dit-on, à l'inspiration des œuvres d'esprit, les re-
niera tous, et par contre, *Astharot* n'en refusera
pas un, sans oublier Rochefort, le lord Seymour
de l'orgie littéraire à laquelle nous assistons. Roi
des halles, duc de Beaufort, je lui faisais trop
d'honneur, lord Seymour ! je lui en fais peut-être
encore trop, un anglais, boxeur, pourrait me
quereller, il est ce qu'il est, il est Rochefort ! ! !

Encore un mot à Robert Mitchell et au *Constitu-
tionel*, le vertueux *maure* du journalisme courant.
Il fut jadis bien *noir*, et c'est dans ses colonnes
que j'ai appris l'argot des bagnes : *Tocante, haute
pègre, abbaye de monte à regret, limace, barboter,
la braise, grand trimard, la louche, le chourineur,
le scarpe, le gonce, etc., etc.*

Savez-vous ce que cela signifie, nobles dames?

Je ne vous le direz pas. Je traduis l'italien, la
langue des dames; je parle le français, la langue
des hommes ; je bredouille en anglais, la langue
des *sportmen* ; je vous dirai les prouesses du *turf*
à nos courses prochaines, sur la pelouse du châ-
teau de Pannisse, où j'ai joué tout enfant, moi rô-
turier, avec les fils du marquis, mais je ne traduis pas l'*argot* et nos *bonnes* parlaient français,
quoiqu'en Provence. Elles furent nos premières
institutrices, et naguère encore j'embrassai la
seule survivante d'entr'elles, je lui donnai un bon
conseil, contre un juge de paix félon, en querelle

avec elle, pour une location et une sous-location:
C'estait mademoiselle Pascal, institutrice de madame de Montgrand, née de Pannisse.

Allez, lui dis-je en passant à Aix, voir M. Rigaud, et recommandez-lui ce juge de paix.

F. R.

Marseille le 25 juillet 1868.

A Henry de Penne et Ed. Tarbé, directeurs du *Gaulois*.

Messieurs,

Après avoir lu le premier numéro du *Gaulois*, je vous ai offert d'être votre *correspondant* GRATUIT, et ce, par lettre aussi close que polie; j'attends encore une réponse aussi polie que close. Je tiens à votre disposition 16 francs prix de l'abonnement, que vous ne me servez pas sur ma demande.

J'ai l'honneur de vous saluer,

F. Rocoffort.

A **M.** Dentu, éditeur, Palais Royal.

Je vous ai écrit : Voulez vous être mon éditeur
Paris, de compte à tiers avec mon éditeur, Bellue,
ue Thiars, à Marseille? Réponse quelconque S. V. P.
n me sollicite d'autre part, je suis lié par mes
ffres à vous faites, déliez-moi par une réponse
atégorique.

Je vous salue.

J. R.

A M. Robert Mitchell.

Si vous trouvez quelque part dans les chefs-
'œuvre de Paul-Louis un endroit où il parle de
a *mission*, je vous serai obligé de me le signaler.
e doit être une édition fautive. Paul-Louis n'é-
rivait pas comme le *Constitutionnel* ou le *Pays*,
ù on parle de *culte fiévreux*, *d'apostolat de la
resse*, de *mission providentielle*, *du sacerdoce de
'écrivain* où on s'épure; quand vous serez épuré,
e qui sera long et difficile, dites-nous la recette,
lous épurerons l'eau de notre canal.
Faites des perruques, M. Robert Mitchell. Vous
viez lu la brochure de *Mathurin*, *ouvrier savon-
ier*. Grosjean, n'essayez pas d'en remontrer à

votre curé, répondez-lui directement et citez seu
lement dix lignes, à votre choix, prises dans cet
brochure. Si elle est égarée à la rédaction du *Con
titutionnel*, vous pouvez en trouver trois exem
plaires, à mon dossier, au ministère de l'intérieu
bureau spécial de la librairie, où on l'épluch
On y met le temps.

F. R.

P.-S.— Je ne lis plus le *Constitutionnel* et *j'ai l
vos allusions* et *insinuations* que, seul, je pui
comprendre et que, seul, j'ai le droit et le devo
de relever dans le *Courrier de Marseille*.

Sans rancune, M. *Robert Mitchel*.

Je reviens à M. Rochefort :

SEPTIÈME LETTRE

A M. HENRI ROCHEFORT

Fabricant de Lanternes à Paris.

Tout ce que vous dites dans toutes vos *lanternes* touchant aux choses sérieuses est mensonge, tout ce que vous ressassez en fait de plaisanteries, plagiat.

Quelques exemples saillants auront bientôt mis les gens à même de vous dire : Passez votre chemin, bonhomme, on ne vous croit plus. Si vous ne mentiez qu'à la façon du *menteur* de Corneille, ce serait une bonne comédie, mais vous excitez à la haine du gouvernement en publiant de *fausses nouvelles* avec intention de jeter la déconsidération sur cet être abstrait dit *gouvernement* et cette déconsidération rejaillit sur tous, porte la perturbation dans les masses, et le venin se répand à cent mille exemplaires, quand le contre-poison n'atteint qu'un chiffre ridicule de tirage, et, par conséquent, de *publicité*. C'est, direz-vous, une délation ; sans doute ; c'est un appel à la justice à sévir contre moi. Très-certainement ! Vous dénoncez, vous, *faussement*, ministres, préfets, magistrats, industriels à l'opinion publique; vous les présentez comme des imbéciles, des prévaricateurs, des escrocs, des voleurs de deniers publics, et on vous laissera tranquille, quand on me condamne, moi, à l'amende, à la prison, à la suppression de mon journal: le *Figaro du Midi*, pour une inoffensive plaisanterie adressée à M. Lepelletier, alors substitut du procureur impérial, à Marseille. Non, mille fois non, justice égale pour tous, ou j'irai faire dire aux roseaux :

Midas, le roi Midas a des oreilles d'âne.

Voici le mensonge relaté dans votre lanterne n° 7 :

« Nous recevons la lettre suivante, qui répond à une question que nous avions pris la liberté d'adresser au gouvernement à propos de la concession du service postal entre la France et la Corse :

« Monsieur le rédacteur,

«Voulez-vous avoir l'explication de la préférence sol-
citée au Corps législatif en faveur de la compagnie
aléry frères et fils pour le service postal de la Corse?
« Cette compagnie compte dans sa flotte des bateaux
nsi baptisés : *Roi Jérôme*, *Comte Bacciochi*, *Prince Bona-
irte*, *Impératrice Eugénie*, etc.
« L'autre administration, Marc Fraissinet père et fils,
a donné à ses paquebots aucun de ces noms glorieux.
n peut donc lui préférer la première, quoiqu'elle
emande TROIS MILLIONS *de plus*.

« J'ai l'honneur de vous saluer.

« Signé : A. VINCENT. »

****

Cette communication pourrait se passer de commen-
aires, mais j'aime mieux qu'elle ne s'en passe pas. Ces
oms sont, en effet, glorieux ; mais je ne vois pas trop
ù est la nécessité de nous les faire payer TROIS MIL-
IONS.

****

Et moi aussi j'aime que certaines communica-
ions ne se passent pas de *commentaires*, et voici

la raison. Tous les gens superficiels croient, su
votre dire, que la compagnie Valéry a déjà reçu
trois millions sans examen, comme un caissie
infidèle donne une bague de mille écus à une fille
de joie en volant dans la caisse de son patron.

Il faut que la vérité se fasse jour, et encore une
fois la voici :

Quand on veut tuer le chien de son voisin, or
dit qu'il est enragé. C'est là votre méthode,
M. Rochefort, à l'encontre de la compagnie Valéry
frères et fils.

Vous faites un crime à cette compagnie d'avoir
donné à ses bateaux le nom des principaux per-
sonnages de l'Empire. On ne se serait jamais
douté que ce fut un cas pendable et que l'on dut
faire une guerre à outrance à une compagnie à
cause du nom que portent les bateaux de sa flotte.

Nous pouvons édifier et expliquer au libelliste
de la *Lanterne* que la compagnie Valéry, formée
en Corse, avec des capitaux presqu'exclusivement
corses, devait réfléter son origine, en cherchant
dans l'histoire de cette île les noms qu'elle don-
nerait à ses locomotives maritimes.

L'origine de la compagnie a été modeste. De
petits vapeurs construits à Nantes et dont le nombre et la force sont allés en augmentant, a desservi
le littoral de la Corse et la Corse avec l'Italie.

Plus tard, sous Louis-Philippe, elle est venue
ire ses courses jusqu'à Marseille. A cette époque,
le appelait déjà ses bateaux : *Le maréchal Sébas-
ini, l'ambassadeur Pozzo di Borgo, la Letizia,
comte de Paris, le Bonaparte, le Commerce de
istia* ; il ne vint à personne l'idée de critiquer le
oix de ces noms.

Lorsque, substituée aux paquebots de l'Etat,
ir suite d'un vote de l'Assemblée Constituante
en vertu de la loi votée par l'Assemblée Légis-
tive, elle fut chargée du service postal de la
orse, cette compagnie remplit ses engagements
rec une subvention si dérisoire qu'il fallut dou-
er une subvention similaire pour les Messageries
npériales chargées du service d'Italie et du
evant.

Comme rémunération, c'était insuffisant ; comme
rvice postal, vitesse et régularité, ce fut parfait.

Le nombre et la force des bateaux furent
igmentés, et la compagnie en satisfaisant à tous ces
esoins, en se prêtant à tous les services qu'on lui
emandait, aida, provoqua l'industrie à s'im-
anter dans l'île, et la prospérité de ce départe-
ent est due en grande partie à l'appui et au con-
urs de la compagnie.

Permis à la *Lanterne*, qui ne projette qu'une
etite lumière, de ne pas voir ou d'ignorer cela ;
ais nous, Marseillais et Français, ne pouvons

oublier ce que cette compagnie a fait et entrepri
et ce serait une ingratitude à nous de ne p:
être reconnaissants à une compagnie qui, à for·
de persistance et de courage, a fini par détou·
ner sur Marseille le courant des bestiaux de
Sardaigne qui alimentent notre marché, et perme
tent à l'*ouvrier de manger, lui aussi, de la viand*

Nous pensons qu'il y a des économies très-di:
pendieuses et des dépenses très-économiques, ·
nous plaçons au nombre des dépenses très-écon·
miques la bonne et sûre transmission des dép·
ches. En pareille matière, la vitesse et la régul·
rité sont tout et doivent passer avant toute aut·
considération. Nous tenons une compagnie loya·
et active, de l'aveu de la Poste, la plus compéten·
en pareille matière, on ne peut rien désirer ·
mieux. Voilà pourquoi notre préférence lui e:
acquise, même à un prix plus élevé. C'est la pra
tique du *bien* acquis à un service public, et nou
nous méfions des promesses industrielles qui ne s
réalisent jamais.

EN FAIT, l'affaire est encore à l'*étude* entre le
mains de la *commission*, et ne pourra être repris
qu'à la *prochaine session*.

*
**
*

Autre mensonge tourné avec le plus atroce esprit de dénigrement, pages 443 et suivantes, *lan*

erne n° 8, commençant par ces mots : *On m'écrit de Saint-Julien près de Metz*, et finissant par ceux-ci : *Ils vous appellent communistes*. Je connais la manière de procéder à l'école d'application d'artillerie de Metz, comme je connais la manière de procéder à Marseille et à Toulon, lors des exercices de tir en mer. On prévient et on indemnise, non après coup à Metz, mais avant de lancer le premier projectile, comme on prévient à Marseille et à Toulon, où il n'y a pas lieu à indemniser puisqu'on tire en mer.

C'est plaisant, n'est-ce pas, de dire les choses que vous dites, et de les tourner de manière à ce qu'un appel à la haine d'une classe de citoyens contre une autre classe, ne sera considéré que comme une plaisanterie, un inoffensif couplet de vaudeville sifflé?

Vous êtes donc un agent provocateur, puisqu'on vous laisse tranquille?

Tous, en France, tous, nous sommes amants de la liberté, mais la *véritable liberté*, a dit avec raison Sieyès, c'est *l'esclavage de la loi*.

Midas, le roi Midas a des oreilles d'âne.

Après le sérieux, le turlupin, monsieur le plagiaire éhonté. — Dans votre 8me *lanterne* on lit ce qui suit :

« Ce problème a été, paraît-il, posé dans un de

« nos principaux collèges pour les concours de
« fin d'année :

« Etant donné un champ de huit mille mètres
« carrés, la hauteur des peupliers qui le bordent
« et le nombre des haricots verts qu'on a déjà ré-
« coltés, trouver les motifs du voyage du prince
« Napoléon. »

C'est copié de Méry le poète, mon compatriote.
Voici ce qu'a dit Méry, et ce qui a fait le tour du
monde.

« Mangiamello ! étant donné la longueur d'un
« navire et la hauteur du grand mât, déterminer
« l'âge du capitaine. »

— *Impossibile caro amico.*

— C'est impossible, voici la solution :

— Notre capitaine et son navire reviennent
d'un pays contaminé ; ils sont en vue de Marseille,
le capitaine approche de la *quarantaine.*

A mon tour de faire le singe de Méry.

Etant donné la 8me *lanterne* de Rochefort et les
coups de bâton qu'il a donnés à l'imprimeur Rochette, déterminer la couleur du toupet de Rochefort.

Voici la solution :

Rochefort est essentiellement méchant, les

rouges sont tout bons ou tout méchants; Rochefort a le toupet d'un rouge, aussi criard que la couverture de ses *lanternes*. Si ça ne paraît pas à l'œil nu, il se fait teindre, l'algèbre ne peut avoir tort.

****

Ah ! vous êtes critiques et vous vous emportez !

Tartuffe de libéralisme, plagiaire, menteur audacieux, c'est prouvé, je vous quitte, mais non sans vous dénoncer, au monde lettré, à la vindicte des littérateurs, en mon nom et au nom de l'opinion publique, à la vindicte des lois. Trop de gens m'appellent Rochefort à Marseille, encore une fois je suis :

F. ROCOFFORT.

P. S. — Ce n'est pas avec une voix flûtée et en croisant la houlette des bergers de Florian, qu'on doit repousser les lanternes et le lanternier qui dansent à l'entour des poudrières.

F. R.

PREMIÈRE LETTRE

A

NAPOLÉON III

———◆———

Que voulez-vous que je sois, mon Empereur, dans la correspondance que j'inaugure aujourd'hui avec vous par cette première lettre. Voulez-vous que je prenne la marotte de Triboulet le fou de François Iᵉʳ? Préférez-vous le Langély du sombre Louis XIII? Aimeriez-vous mieux que, de mon autorité privée, je m'érigeasse en Duroc, grand maréchal du palais, et parcourir avec moi dans le plus strict incognito, non-seulement Paris, mais la France entière? Auriez-vous une préférencepour le serviteur fidèle, quoique indépendant, qui, sous prétexte de vous accompagner dans les places, rues et carrefours d'Ispahan, vous dirait des anecdotes persannes, qni seraient des histoires françaises. Aucun de ces moyens pour faire parvenir jusqu'à vous un peu de ce que je crois être la vérité ne m'est interdit par la loi. Pour aujourd'hui, n'ayant pas votre avis et ne sachant comment me les pro-curer je prétends rester citoyen électeur jouissant de ses droits civils et civiques.

Les moments d'un souverain sont *précieux*, sans que je veuille faire allusion à votre liste civile pa-yée par moi, par mon voisin, par nous tous. Il faut donc être bref avec vous, je le serai. Assez de préambule.

Etes vous bien persuadé, mon Empereur, que votre cour des Comptes ne soit pas une cour de mé-compte? J'ai, non en portefeuille, ce serait trop naïf, mais dans un des recoins de mon cerveau assez des faits isolés que je pourrai grouper et qui ébranleraient probablement votre conviction à cet égard. Je retiens jusqu'à nouvel ordre ces vérités, et pour cause.

On se rit de la décoration de la Légion-d'Hon-neur, c'est triste! Mais ce ricanement n'est-il pas quelquefois justifié? Il est dans Marseille jusqu'à trois croix que je pourrai citer, dont je pourrai dé-signer les titulaires et qui toutes trois ont été don-nées précisément parce qu'on a fait ce qu'il ne fallait pas faire, parce qu'on a fait tout le contraire de ce qu'il fallait faire.

La première, n'a pas été ratifiée par la Chancelle-rie de la Légion-d'Honneur, dit-on, malgré votre octroi *présidentiel* (présidence décennale).

La deuxième, sans entrer dans dautres d'étails, nous coûte une somme fabuleuse dépensée en sable pour garantir, à tout hasard, un de vos chevaux d'un accident sur le pavé de nos rues. Tous les chevaux que vous aviez amenés, à l'époqne à laquelle je fais allusion, valaient bien en somme 15,000 francs pour un connaisseur. C'étaient des chevaux destinés à une prochaine réforme, par votre grand écuyer et vos gens d'écurie. Cette petite et inutile courtisanerie faite à vos chevaux, nous la payons par les centimes additionnels aux quatre contributions.

La troisième croix de la noble Légion, n'a pas eu dans nos feuilles locales la mention banale usitée. On a pratiqué à l'entour du titulaire la conjuration du silence.

Pourquoi ?

Qu'on le demande à l'honorable corporation des portefaix de notre commerce.

*
* *

Ne croyez-vous pas, mon Empereur, qu'on se sert beaucoup trop avec vous, dans toutes les critiques exagérées qui se produisent sous mille formes diverses, du mot abstrait *Gouvernement* ?

C'est évidemment la conséquence naturelle, logique, inéluctable de la situation qui vous est faite par la Constitution. Elle vous fait responsable. On vous rend responsable par esprit de dénigrement de toutes les fautes commises, des manquements de tact qui se produisent depuis le plus humble garde-champêtre jusqu'à votre premier ministre. C'est toujours le Gouvernement qui a tort, et le Gouver-

— 56 —

nement c'est vous. Heureusement la Constitution est remaniable.

Louis Philippe régnait et ne gouvernait pas. Quand nous voulions aller jusqu'à lui, en passant à travers les ministres, Louis Philippe devenait pour nous le *système*. Vous savez comment a fini le *système*.

Une question brûlante pour notre belle colonie des côtes d'Afrique, mon Empereur, une question à laquelle il est urgent de pourvoir : c'est tout simplement son assimilation pure et simple à la France. C'est-à-dire la promulgation pleine et entière, à son profit, des lois de la mère-patrie. Monseigneur Lavigerie poursuivra son œuvre de rachat par le prosélytisme et la charité, l'évangile à la main, le code Napoléon tempérant ce que son pouvoir théocratique pourrait avoir de trop absorbant.

Pourquoi, mon Empereur, notre Constitution et nos lois organiques ne seraient-elles pas publiées d'ici aux nouvelles et prochaines élections à des milliers d'exemplaires, distribués gratuitement dans toute la France. Chaque homme intelligent pourrait s'ériger en professeur des lois fondamentales du pays, dont tant de gens parlent, même de prétendus publicistes, sans les avoir lues.

On va aux comices, poussé *yu* par ici, à *dia* par là on vote, mais sait-on ce qu'on fait ? Sur 9,000,000 d'électeurs il n'y en a pas 500,000 qui le sachent. On accomplit le plus grand acte du citoyen libre en marchant au scrutin l'esclave du premier venu.

Du jour où le droit de suffrage me fut accordé

j'ai su, moi, ce que je faisais, et pardonnez ma hardiesse, j'ai répondu NON ! à la question qui était ainsi posée par l'article 8 du sénatus consulte, portant modification à la constitution (7 novembre 1852, bulletin des lois, 10ᵉ série, nᵉ 4,500.

« La proposition suivante sera présentée à l'ac-
« ceptation du *peuple Français*, dans les formes dé-
« terminées par le décret du 2 et 4 décembre 1851 :
« — Le peuple Français veut le rétablissement de
« la dignité impériale dans la personne de Louis-
« Napoléon Bonaparte avec hérédité dans sa des-
« cendance directe, légitime ou adoptive et lui don-
« ne le droit de régler l'ordre de succession au trône
« dans la famille Bonaparte, ainsi qu'il est prévu
« par le senatus consulte du 7 novembre 1852. »

Je n'ai donc pas, quant à moi, cru devoir ratifier le sénatus consulte, trouvant la période décennale suffisante, mais il a été promulgué et devenu la loi de l'État. L'article 2ᵐᵃ et dernier de votre décret impérial, dit :

« *Louis-Napoléon Bonaparte* est empereur des
« Français, sous le nom de Napoléon III. »

Je m'y tiens et ne veut pas voir une troisième fois la France et le vaisseau qui porte ses destinées s'échouer au récif révolutionnaire et sombrer dans la faillite et l'anarchie pour compte d'autrui.

J'arrête-là, mon Empereur, cette première lettre.

Veuillez bien me pardonner ma hardiesse et ma franchise.

F. ROCOFFORT.

*
* *

Mercredi 29 juillet, je lis dans le *Courrier de Marseille* deux *colonnades* de M. Paul de Cassagnac, où il se pose en petit Jésus, il reçoit un soufflet et tend la seconde joue. Du tout il dresse procès-verbal, ce n'est plus Jésus, c'est le commissaire du quartier; d'une jambe il est sur le Golgotha, de l'autre sur le seuil de Mazas où il conduit M. l'Huilier.

J'aime mieux St-Preux pour ou contre le duel; j'y gagne le style !

F. R.

*
* *

Quand je vois M. Paul de Cassagnac et M. Rochefort renouveler leurs prouesses, je ris davantage que lorsque j'assiste aux *Précieuses Ridicules*. Paul de Cassagnac, c'est Mascarille, Rochefort, c'est Jodelet, les Précieuses, ce sont les 100,000 pécores qui croient comme paroles d'évangile les *racontages de ces deux artistes*. Mascarille et Jodelet me sont depuis longtemps connus, avec la prise de leur demi-lune et de leur lune toute entière. Paul et Henri ont l'attrait de la nouveauté.

Plaudite, plaudite cives.

Tota nocte pluit: redeunt spectacula mane ;
Divisum impérium com Jove cesar habet.

Je vais vous traduire ceci mes bons bourgeois-gentilshommes, tout comme si vous ne saviez pas le latin.

Applaudissez citoyens.

César ne partage plus l'empire avec Jupiter, il le partage avec Paul et Henri.

Cicéron n'est plus qu'un infirme.

Roscius un artiste de peu.

Vive le progrès incarné dans Paul et Henri.

****

Qu'eussiez-vous fait, me demande-t-on, si un l'Huilier en uniforme était venu vous souffleter dans votre cabinet de travail ?

J'aurai repoussé la brutalité par la brutalité et avant qu'il eut tiré de sa poche le revolver qu'il n'avait pas, il eut été enfermé dans ma cave, et mon garçon de bureau serait allé chercher la police.

Et puis ?

J'aurais écrit un article sur Parmentier et les pommes de terre, aussi tranquillement que s'il n'était rien arrivé, laissant à la police le soin de dresser son procès-verbal.

A JEAN DE PARIS

ET

AUX JEANS-JEANS DE PARIS

Jean de Paris, bravo! radieux dans ta loge,
Prodigue à ton patron des sourires d'éloge.
Tu peux battre des mains à ses prouesses , mais
L'imiter, rarement, le comprendre jamais.
L'escrime fatigua tes mains inoccupées ;
Ton pistolet au tir abbattit cent poupées ;
Par ta canne dansante un enfant effleuré
Pleure, et tu le tueras parce qu'il a pleuré ;
Et tu diras, le soir, froissant un corps de femme ;
« Es-tu content de moi, don Juan, mon maître ! » In-
(fâme !
Non, tu n'est pas don Juan ; car don Juan, le maudit,
A l'œil émerveillé comme un spectre grandit.
Auprès de ce géant tu n'as pas une toise ;
Il venait de l'enfer, toi tu viens de... Pontoise.
Il chantait, il raillait, et toi, tu n'est qu'un sot
Qu'on peut tuer d'un vers et baillonner d'un mot.

C'était un oiseleur qui, d'un coup de résille,
Attrapait Elvira, Léonor, Inésille,
Papillons qu'au Prado le soir voyait courir,
Si frêles qu'un baiser trop lourd les fit mourir,
Et si beaux qu'on aurait enrichi vingt chapelles
Avec la poudre d'or que secouaient leurs ailes.
Convoitait-il un ange aux cheveux noirs ou blonds;
Son échelle de soie avait tant d'échelons,
Qu'il eut, de cieux en cieux, pu monter, je parie,
Pour baiser les pieds nus de la vierge Marie.
Si la foudre eût bougé, prêt à tous les combats,
A la vieille grondeuse il aurait dit : Plus bas !
Par une corde à puits, te hissant aux gouttières,
Toi, tu vas dénicher des filles de portières ;
Auprès de la beauté qui te doit sa pâleur,
La duègne, qui plaida ta cause avec chaleur,
Ne froisse étincelants ni missel ni rosaire,
A des haillons pour mante, et pour nom : la Misère.
L'oiseau dans tes filets ne tomba pas vaincu
A l'appel de ton chant, mais au son d'un écu.
Tu n'as rien, fils du Nord, de ce sang qui pétille
Sous un regard de femme, au soleil de Castille ;
Sang créateur des Cids, qui plus tard même a pu
Produire encor des Juan, lorsqu'il s'est corrompu.
Le peuple, ivre de faim, qui ronfle au coin des bornes,
Quand le taureau royal le pique de ses cornes,
Se réveillant d'un bond du lourd sommeil qu'il dort,
Lui, du moins, sait combattre en beau toréador.

Mais toi !.. soulève encore des bruits de Bacchanales ;
Essuie encor du sang à des gorges vénales ;
Crève encor des chevaux, blesse encor des maris ;
Tu ne seras jamais rien... que Jean de Paris.
Oh ! si le plébéien que ton pistolet tue
Sur sa fosse, à Clamart, revivait en statue,
Et qu'au son de minuit, quand meurt le gaz tremblant,
Quittant son piédestal, l'homme de marbre blanc,
Dans le sombre café que ta visite honore,
Allongeant ses pas lourds sur la dalle sonore ;
Pour te marquer au front d'un signe flétrissant,
Il n'aurait pas trempé son index dans le sang.
Non, mais ses doigts de pierre, en soufiletant ta joue,
Y laisseraient empreinte une tache de boue,
Large, noire, et sa voix tonnerait en ces mots :
« Ton enfer n'est pas prêt, lâche auteur de mes maux.
« Vis : Dieu te couvre encor d'un mépris débonnaire ;
« Tu ne dois pas mourir par un coup de tonnere ;
« Sous le poids du mépris, vieux sans avoir vécu,
« Tu mourras... tu mourras d'un coup de.... ! »

Un ouvrier Imprimeur.

A L'EMPEREUR

Sire,

Qu'il me soit permis d'élever la voix le premier en France
pour vous demander la grâce d'Henri Rochefort. *Justice-Clémence.* Justice est faite, l'heure de la clémence sonne le 15
août, Pardonnez au pauvre fou.

F. R.

ERRATUM.

De nombreuses fautes se sont glissées malgré nos corrections sévères dans la brochure de F. Mathurin dont nous nous sommes déclaré l'auteur, nous comptons sur l'intelligence du lecteur pour en faire justice

Nous n'en relevons qu'une. On nous fait dire, *gravissant le Permesse*, quand nous avions écrit *aux rives du Permesse.*

F. R.

———

Cette brochure a éprouvé quelques jours de retard. La cause en doit être attribuée au déménagement de nos deux jeunes ouvriers imprimeurs associés, nouvellement établis, puisqu'ils n'ont pas encore régularisé leur position, et travaillent sous le couvert du maître imprimeur leur cessionnaire ; activité et travail voilà vos fruits. Déjà il leur faut un local dix fois plus grand que celui qu'ils quittent, et que, par prudence, ils avaient choisi fort réstreint. La nouvelle imprimerie est RUE VENTURE, N° 10 A.

Marseille.— Imp. F. CANQUOIN, rue Venture, 10.